CATALOGUE

DE

LIVRES ANCIENS ET MODERNES

BIEN CONDITIONNÉS

COMPOSANT LA

BIBLIOTHÈQUE DE FEU M. CARENNE

DONT LA VENTE AURA LIEU

Les lundi 18 décembre et mardi 19 décembre 1871
à 7 heures et demie du soir

Rue des Bons-Enfants, 28, maison Silvestre
(Salle n° 2)

Par le ministère de Me Delbergue-Cormont, commissaire-priseur
Rue de Provence, 8

PARIS
ADOLPHE LABITTE, LIBRAIRE
4, RUE DE LILLE, 4

1871

A LA MÊME LIBRAIRIE :

Gravures sur bois tirées des livres français du quinzième siècle. *Paris*, 1868, in-4, 75 planches comprenant 324 figures et texte, dans un carton.. 20 fr.

Collection de poésies, romans, chroniques, etc., publiés d'après d'anciens manuscrits et d'après des éditions des quinzième et seizième siècles. *Paris, Silvestre*, 1838-58, 24 vol. in-16, *caractères gothiques, figures sur bois* .... 120 fr.

Marques typographiques des libraires et imprimeurs français depuis l'origine de l'imprimerie jusqu'en 1600, 16 livraisons gr. in-8, 1,310 figures sur bois ... . 64 fr.

Les livraisons 8 à 16 se vendent séparément chacune 4 fr.

Choix de peintures de Pompéi, lithographiées en couleur par M. Roux et accompagnées d'une explication par Raoul-Rochette. *Paris, Adolphe Labitte*, 1867. Un fort volume in-folio comprenant 321 pages de texte et 28 planches en couleur.

Ouvrage complet. Première partie : *Amours des Dieux*. — Deuxième partie : *Temps héroïques*.

Exemplaire en sept livraisons in-fol.................... 80 fr.

Exemplaire relié en demi-reliure, dos de maroquin du Levant, tranche supérieure dorée.............................. 100 fr.

Beaufort. — Dissertation sur l'incertitude des cinq premiers siècles de l'histoire romaine. *Paris*, 1866, in-8, broché............... 3 fr.

Le Maha-Bharata, traduit pour la première fois du sanscrit en français par M. H. Fauche. *Paris*, 1863-66.

Les tomes II, III, IV et V, chacun séparément............ 6 fr.

Guérard. — Polyptyque de l'abbaye de Saint-Remi de Reims, ou dénombrement des manses, des serfs et des revenus de cette abbaye, vers le milieu du neuvième siècle de notre ère. *Paris, Impr. imp.*, 1853, in-4 broché.................................. 7 fr. 50

Pauthier (G.). — Les Iles Ioniennes pendant l'occupation française et le protectorat anglais, d'après des documents tirés des papiers du général Donzelot, gouverneur général. *Paris*, 1863, in-8 broché. 2 fr.

Paris. — Imprimerie Adolphe Lainé, rue des Saints-Pères, 19.

CATALOGUE

DE

LIVRES ANCIENS ET MODERNES

BIEN CONDITIONNÉS

COMPOSANT LA

BIBLIOTHÈQUE DE FEU M. CARENNE

DONT LA VENTE AURA LIEU

Les lundi 18 décembre et mardi 19 décembre 1871
à 7 heures et demie du soir

Rue des Bons-Enfants, 28, maison Silvestre
(Salle n° 2)

Par le ministère de Me Delbergue-Cormont, commissaire-priseur
Rue de Provence, 8

PARIS
ADOLPHE LABITTE, LIBRAIRE
4, RUE DE LILLE, 4

1871

ORDRE DES VACATIONS.

PREMIÈRE VACATION. — *Lundi* 18 *décembre* 1871.

N°s 1 à 200

DEUXIÈME VACATION. — *Mardi* 19 *décembre* 1871.

201 à la fin.
Livres en lots.

CONDITIONS DE LA VENTE.

La vente est faite au comptant.

Il y aura, chaque jour de vente, de DEUX heures à QUATRE, exposition des livres composant la vacation du soir.

Les acquéreurs payeront 5 centimes par franc en sus des enchères, applicables aux frais.

Paris. — Imprimerie Adolphe Lainé, rue des Saints-Pères, 19.

CATALOGUE
DES LIVRES

COMPOSANT LA

BIBLIOTHÈQUE DE FEU M. CARENNE.

THÉOLOGIE
ET
HISTOIRE DES RELIGIONS.

1. Biblia sacra. *Coloniæ*, 1679, 6 vol. in-18, mar. tr. dor.

2. La Sainte Bible françoise, par Pierre Frizon. *Paris*, 1621, in-fol. mar. r. *Figures*.

3. La Saincte Bible, trad. par les théol. de Louvain. *Rouen*, 1567, in-4, v. br.

4. La Sainte Bible, traduite par le Maistre de Sacy. *Paris*, 1707, 8 vol. in-18, demi-rel. bas.

5. La Sainte Bible, traduite sur les textes originaux. *Cologne*, 1739, pet. in-8, maroquin rouge, tr. d. (*Aux armes*.)

6. L'Histoire du Vieux et du Nouveau Testament, par le sieur de Royaumont. *Paris*, *Pierre le Petit*, 1680, petit in-8, fig. mar. rouge. (*Thompson*.)

7. L'Histoire de l'Ancien et du Nouveau Testament. *Paris*, 1713, in-4, v. tr. dor. *Figures*.

8. Les Saintes et admirables Paroles de l'Écriture (Bible de Royaumont). (*Bruxelles, Frickx*), 1722, pet. in-8. v. ant. tr. dor. Fig.

9. Histoire sacrée en tableaux, par Brianville. *Anvers*, 1725, pet. in-8. Fig.

10. Le Nouveau Testament de N.-S. J.-C., trad. en françois. *Mons, Gaspard Migeot*, 1699, 2 vol. in-12, demi-rel. mar. r. Fig.

11. Les Évangiles, trad. nouvelle de F. Lamennais. *Paris, Pagnerre*, 1846, in-8, br.

12. Vie de Jésus, par Strauss, trad. de l'all. par Littré. *Paris, Ladrange*, 1864, 2 vol. in-8, br.

13. Vie de Jésus, par Ern. Renan. *Paris*, 1863, in-8, br.

14. Thomæ à Kempis de Imitatione Christi, libri IV. *Lugd., apud Elzevirios, s. a.*, in-12, mar. br. tr. dor. (*Thouvenin.*)

15. Th. à Kempis, de Imitatione Christi. *Parisiis, Cusson*, 1660, in-12, mar. r. tr. dor.

16. De Imitatione Christi, libri IV. *Aureliæ*, 1788, in-64, mar. tr. dor. (*Armoiries.*)

17. L'Imitation de J.-C., par Thomas à Kempis, trad. par Chifflet. *Anvers, Plantin*, 1646, in-16, mar. rouge, tr. dor. (*Armes.*)

18. L'Imitation de Jésus-Christ, trad. par P. Corneille. *Paris, Robert Ballard*, 1670, pet. in-12, mar. brun, tr. dor.

19. L'Imitation de J.-C., traduite et paraphrasée en vers françois par P. Corneille. *Paris, Guillaume de Luyne*, 1673, pet. in-8, mar. br. tr. dor.

20. De l'Imitation de J.-C., trad. nouvelle. *Paris, Hérissant*, 1764, 2 vol. in-18, mar. r.

21. L'Imitation de J.-C., par de Lamennais. *Paris, Bray*, 1853, in-12, mar.

22. L'Octavius de Minucius Felix, de la traduction de M. d'Ablancourt. *Lyon*, 1663, in-12, mar. v. fil. tr. dor.

23. Les Confessions de saint Augustin, trad. par le P. Ceriziers. *Paris, Journel*, 1659, in-12, vélin.

24. Prières et œuvres chrestiennes. *Paris*, *Sébastien Martin*, 1671, in-12, mar. r. fil. tr. dor.

Imprimé en petits caractères.

25. D. Aurelii Augustini Confessionum libri. *Lugd.*, *apud Dianelem Elzev.*, 1675, in-12, v. br.

26. Lactance Firmian. Des Divines Institutions contre les gentils et les idolâtres, trad. de latin en françois par René Fame, notaire et secrétaire du roy. *Lion*, *Jan de Tournes*, 1555, in-16, mar. v. fil. tr. dor.

27. Quadragesimale Gritsch, una cum registro sermonum de tempore et de sanctis per circulum anni. *Lugd.*, *per Johannem Trechsel*, 1489, in-4, goth. 2 col. vélin.

28. L'Antidémon historial, ou les sacriléges, fraudes, larcins du prince des ténèbres pour usurper la divinité sont amplement traictez par Jude Serclier. *Lyon*, *Rigaud*, 1609, pet. in-8, v. f. fil. tr. dor. (*Trautz-Bauzonnet.*)

29. Les Provinciales (par Pascal). *Cologne*, *Nicolas Schoute*, 1666, in-12, mar. br. tr. dor.

30. Pensées de Pascal. *Londres* (*Cazin*), 1785, 2 vol. in-18, mar. rouge, tr. dor.

31. Histoire du Christianisme, par l'abbé Fleury. *Paris*, *Gaume*, 1836, 6 vol. gr. in-8, br.

32. Sulpitii Severi Opera quæ exstant. *Amst.*, *ex offic. Elzeviriana*, 1656, in-12, v. br.

33. Histoire du pontificat de S. Grégoire le Grand, par le Père Maimbourg. *Suivant la copie* (*à la Sphère*), 1686, in-12, mar. v. tr. dor.

34. Le Double des lettres de Charles, aux saincts Pères du concile de Trente, 1564, et autres pièces sur le concile de Trente. 6 part. in-8, cart.

35. Abrégé de l'histoire du concile de Trente, par Pierre Jurieu. *Amsterdam*, 1683, 2 vol. in-12, vélin.

36. Histoire des ordres religieux, par Schoonebeck. *Amst.*, 1695, pet. in-8, v. f.

37. L'Alcoran des Cordeliers, avec des figures de B. Picart. *Amst.*, 1734. 2 vol. in-12, v. Fig.

38. Lettres à Émilie sur la mythologie, par Demoustier. *Paris*, 1816, 3 vol. in-18, v. tr. dorée. *Figures*.

39. L'Alcoran de Mahomet, trad. par Duryer. *Suivant la copie, à la Sphère*, 1649, in-12, mar. r. fil. tr. dor.

JURISPRUDENCE.

40. Institutiones Justiniani. *Amstel.*, *Elzevir*, 1676, in-16, mar. r. fil. tr. dor. (*Bozérian.*)

41. Les Codes français, par Rognon. *Paris*, *Plon*, 1855, 3 vol. in-4, demi-rel.

42. Codes et lois usuelles, classés par Roger et Sorel. *Paris*, *Garnier*, 1866, gr. in-8, demi-rel. mar.

SCIENCES ET ARTS.

---

43. Collection des moralistes anciens, avec la morale de J.-C. *Paris, Didot*, 1781, 12 vol. in-18, v. f.

44. Ciceronis Officiorum libri III. *Venetiis*, *ex bibliotheca Aldina*, 1570, pet. in-8, bas.

45. Ciceronis de Philosophia. *Venetiis*, *Aldus*, 1541, pet. in-8, v. f.

46. Les Mots dorés du grand et sage Caton, en françoys. *Lyon*, *Nicolas Bonfons*. — De l'Heur et Malheur de mariage, par Jean Marconville. *Paris, Nicolas Bonfons*, 1578, 5 part. en 1 vol. in-16, v. br. (*Très-court.*)

47. OEuvres complètes de Sénèque le Philosophe, avec la trad. franç. publ. par Ch. Nisard. *Paris*, 1842, gr. in 8, demi-rel.

48. Séverin Boëce. De la Consolation de philosophie, traduite de latin en françois par le sieur de Malassis de Mente. *Paris, Jean Borel*, 1578, pet. in-8, demi-rel.

49. Les Apophthegmes, ce est à dire, prompts, subtils et sententieux dicts de plusieurs roys, philosophes et autres grands personnaiges tant grecs que latins, translatez par Macault, notaire. *Paris, Jacques Kerver*, 1545, in-16, v. br.

50. Les Essais de Michel de Montaigne. *Paris, Journel*, 1669, 3 vol. in-12, mar. r. tr. dor.

51. Essais de Michel de Montaigne. *Paris, Tardieu*, 1828, 5 vol. in-8, demi-rel. v.

52. De la Sagesse, trois livres, par Pierre Charron. *Amst.*, *Elzevier*, 1662, in-12, mar. citr. tr. dor.

53. De la Sagesse, trois livres, par Pierre Charron. *A Leide, chez Jean Elzevier*, 1656, in-12, mar. rouge, fil. tr. dor.

54. Les Charactères des passions, par le sieur de La Chambre. *Amst., Michel*, 1658, in-18, demi-reliure.

55. L'Art de connoistre les hommes, par le sieur de La Chambre. *Amst.*, 1663, in-12, vélin.

56. Discours sur les moyens de bien gouverner et maintenir en bonne paix un royaume, contre Nicolas Macchiavel. 1578, in-16, mar. r. tr. dor.

57. Le Corps politique, ou les Élémens de la loy morale et civile, par Thomas Hobbes, traduit d'angl. en françois. 1652, in-12, vél. *Fig. allég.*

58. Les Discours de l'état de paix et de guerre de messire Nicolas Macchiavelli, trad. d'italien en françois. *Paris, Pierre Cavellat*, 1577, in-16, mar. tr. dor.

59. Projet d'une dixme royale, par le maréchal de Vauban. (*A la Sphère*), 1707, in-12, v. br.

60. Traité d'économie politique, par J.-B. Say. *Paris, Renouard*, 1814, 2 vol. in-8, demi-rel. mar. r.

61. Le Castoiement, ou Instruction d'un père à son fils, ouvrage en vers du XIIIe siècle. *Paris*, 1760, in-12, v. br.

62. L'Histoire du monde de Pline Second, mise en françois par Ant. Du Pinet. *Paris*, 1615, 2 t. en 1 vol. in-fol. bas.

63. Œuvres complètes de Buffon et de Lacépède, et supplément par Cuvier. *Paris*, 1829-31, 41 vol. in-8, demi-rel. *Figures coloriées.*

64. Lettres à Sophie sur la physique, la chimie et l'histoire naturelle, par Aimé-Martin. *Paris*, 1811, 4 vol. in-18, mar. r. fil. tr. dor. *Figures.*

65. Entretiens sur la pluralité des mondes, par Fontenelle. *Paris*, 1800, in-12, mar. r. fil. tr. dorée.

66. Dictionnaire infernal, par Collin de Plancy. *Paris*, 1818, 2 vol. in-8, bas.

67. La Démonomanie des sorciers, par J. Bodin. *Paris, Estienne Prévosteau*, 1598, pet. in-12, maroquin rouge, fil. tr. dor.

68. Dissertations sur les apparitions, par dom Augustin Calmet. *Paris, De Bure*, 1756, in-12, mar. r. tr. dor.

69. Délices de la campagne, ou les Ruses de la chasse et de la pesche. *Amst.*, 1732, 2 vol. in-12, bas. Figures.

BELLES-LETTRES.

70. Ciceronis Rhetorica. *Venetiis, Aldus*, 1521, in-8, demi-rel.

71. Observations de Ménage sur la langue françoise, seconde édition. *Paris*, *Claude Barbin*, 1675, in-12, v. br.

72. Dictionnaire des dictionnaires, par Nap. Landais. *Paris*, *Didier*, 1842, 2 tom. en 1 vol. gr. in-4, demi-rel.

73. Nouveau Dictionnaire d'amour. *Paris*, 1825, in-18, v. vert, tr. dor.

74. Anacréon, Sapho, Bion et Moschus, trad. en prose, suivie de la Veillée des fêtes de Vénus, par Moutonnet de Clairfons. *Paris*, *Bastien*, 1780, gr. in-8 rel. Figures d'Eisen.

75. Odes d'Anacréon, trad. en vers sur le texte de Brunck, par de Saint-Victor. *Paris*, *Nivelle*, 1818, in-8, demi-rel.

76. Homère, traduit par Dugas-Montbel (sans les notes). *Paris*, *Didot*, 1846, 6 vol. in-8, br.

77. Les Fables d'Esope le Phrygien, par Baudoin. *Bruxelles*, *Foppens*, in-12, demi-rel. *Figures.*

78. Les Fables d'Ésope mises en françois. *Rouen*, 1776, in-12, rel. Fig. s. bois.

79. Les Cinq Fabulistes. *Paris*, 1802, 2 vol. in-12, demi-rel. mar.

80. Idylles de Théocrite, trad. en français par Gail. *Paris, an IV*, 2 vol. gr. in-8, pap. vél. *Figures.*

81. Horatius. *Venetiis*, *Aldus*, 1555, pet. in-8, vél.

82. Horatius Flaccus, scholiis illustratus a J. Bond. *Parisiis*, *Bernard*, 1668, in-12, mar. r. fil. (*Aux armes du comte de Toulouse.*)

83. Quinti Horatii Flacci Poemata, comm. illustrata a J. Bond. *Amst.*, *Elzev.*, 1676, in-12, mar. rouge, tr. dor. (*Rel. fatiguée.*)

84. Q. Horatii Flacci Poemata. *Aurelianis*, *Couret de Villeneuve*, 1767, in-12, bas.

85. Traduction des œuvres d'Horace, par René Binet. *Paris, Détrez*, 1816, 2 vol. in-12, demi-rel.

86. Les Œuvres d'Horace, trad. nouv. par Jules Janin. *Paris, Hachette*, 1861, in-12, demi-rel. mar.

87. Virgilii Opera. *Venetiis*, *Aldus*, 1580, pet. in-8, mar. tr. dor.

88. Virgilii Opera. *Lugd.-Batav.*, *Elzevir.*, 1636, in-12, mar. rouge.

Exemplaire du bon tirage.

89. Virgilii Opera. *Lugd.-Batav.*, *Elzevir.*, 1636, in-12, mar. r. fil. tr. dor.

Exemplaire du second tirage.

90. Virgilius, accurante Heinsio. *Lugd.-Batav.*, *ex offic. Hackiana*, 1671, pet. in-12, mar. noir, tr. dorée.

91. Virgilii Opera, c. not. Farnabii. *Amst.*, 1677, in-12, demi-rel.

92. Virgilius. *Amst.*, *apud Westenium*, 1744, in-12, v. gr.

93. Virgilii Opera. *Lutetiæ-Parisiorum*, *Coustelier*, 1745, 3 vol. in-12, mar. rouge, tr. dor.

94. Virgilii Opera. *Londini*, *Knapton*, 1750, 2 vol. in-12, mar. r. fil. tr. dor. (*Armes.*)

95. Les Géorgiques de Virgile, trad. par Delille. *Genève* (*Cazin*), 1777, in-16, mar. r. tr. dor.

96. Virgilii Bucolica, Georgica et Æneis. *Argentorati*, 1789, in-4, cartonné.

97. P. Virgilius. *Londini*, *Dulau*, 1800, 2 vol. gr. in-8, v. f. tr. dor. *Fig.*

98. Virgile, trad. par de Guerle. *Paris*, 1825, 3 vol. in-8, demi-rel. mar. r.

99. OEuvres de Virgile, trad. en français par l'abbé Desfontaines. *Paris*, 1796, 4 vol. in-8, mar. viol. tr. dor. *Figures.*

100. Ovidii Nasonis Opera. *Amstelod.*, *Elzev.*, 1652, 3 vol. in-18, mar. r. tr. dor.

101. Olympe, ou Métamorphose d'Ovide, traduction nouvelle, avec la description du chaos en vers françois, par le sieur du Bartas. *Par Jean de Tournes*, 1609, in-16, mar. br. tr. dor. *Fig. sur bois.*

102. Ovide. OEuvres complètes, publiées sous la direction de M. Nisard. *Paris*, 1838, gr. in-8, demi-rel.

103. Les Métamorphoses d'Ovide, traduction nouvelle, par Villenave. *Paris*, 1806, 4 vol. demi-rel. mar. r. *Figures.*

Bel exemplaire.

104. Les Métamorphoses d'Ovide, traduction française de l'abbé Banier. *Paris*, *Crapelet*, 1807, 2 vol. in-8, demi-rel. mar. r. n. rogn. *Figures.*

105. Poésies de Catulle, trad. par Noël. *Paris, Crapelet*, 1806, 2 vol. in-8, v. f. — Elégies de Properce, trad. par Delongchamps. *Paris*, 1802, 2 vol. in-8. v. rac.

106. Elégies de Tibulle, par Mirabeau. *Paris*, 1798, 3 vol. in-8, demi-rel. mar. r. pap. vélin, figures.

107. Fables de Phèdre, trad. en français. *Paris, Didot*, 1806, 2 vol. in-18, demi-rel. mar. br. *Figures.*

108. Lucrèce, trad. nouv. par La Grange. *Paris,* 1768, 2 vol. in-12, v. m.

109. Juvenalis Satyræ. *Londini, Brindley*, 1744, in-16, mar. r.

110. Épigrammes de Martial, trad. en français (par Volland). *Paris,* 1807, 3 vol. in-8, v. m.

111. La Pharsale de Lucain, trad. par Brébeuf. *Paris, Loyson*, 1670, pet. in-8, v. fil.

112. OEuvres d'Ausone, en latin et en français, par l'abbé Jaubert. *Paris, s. d.*, 4 vol. in-12, bas.

113. Fabliaux ou contes des XIIe et XIIIe siècles, publ. par Legrand d'Aussy. *Paris,* 1781, 5 vol. in-18, rel.

114. Mémoires historiques sur Raoul de Coucy. *Paris, Pierres*, 1781, in-18, maroquin rouge, tranche dorée.

115. Œuvres poétiques de Mellin de Saint-Gelais. *Paris*, 1719, in-12, mar. r. tr. dor.

116. Les OEuvres de Clément Marot. *A Rouen, Claude Le Vilain*, 1615, in-12, mar. r. tr. dor. (*Allô.*)

117. Les OEuvres de Clément Marot. *La Haye, Moetjens*, 1700, 2 vol. in-12, v br. (131 mill.)

118. Les OEuvres de Clément Marot, de Grécourt et de Chaulieu. *Genève, Cazin*, 1781, 6 vol. in-18, mar. r. tr. dor.

119. Les Poésies de Guillaume Cretin. *Paris*, *Coustelier*, 1723, in-12, v. br.

120. Les OEuvres de Fr. Villon. *Paris*, *Coustelier*, 1723, pet. in-8, mar. r.

121. Pièces héroïques, et diverses poésies de César de Nostredame. *A Tholose*, 1608, in-12, mar. v. tr. dor.

122. Les OEuvres de Regnier. *Amst.*, *s. d.*, in-8, v. br.

123. Les Satyres et autres œuvres du sieur Regnier. *Paris*, *Louis Billaine*, 1667, in-12, demi-rel.

124. Poésies de Malherbe. *Paris, Barbou*, 1776, pet. in-8, demi-rel.

125. Les Bergeries de Racan. *Paris*, *Nicolas Le Clerc*, 1698, pet. in-8, demi-rel.

126. Commentaires et annotations sur la Sepmaine de la création, par Salluste du Bartas. *Paris*, 1583, in-12, demi-rel. mar. r.

127. Les Premières OEuvres de Philippes Desportes. *Rouen*, *Du Petit-Val*, 1607, in-12. demi-rel.

128. Les Changements de la bergère Iris, par Delingendes. *Rouen*, *Claude Le Vilain*, 1614, in-12, mar. br.

129. Les Chevilles de Me Adam, menuisier de Nevers. *Rouen*, *Cailloué*, 1654, pet. in-8, mar. v. jans. (*Allô.*)

130. Le Villebrequin de Me Adam, menuisier de Nevers. *Paris*, *Guill. de Luynes*, 1663, in-12, maroquin bl. dor. (*Allô.*)

131. OEuvres de maître Adam Billaut, menuisier de Nevers. *Paris*, 1806, pet. in-8, v.

132. Les OEuvres de Théophile. *Paris*, *Pépingué*, 1662, in-12, demi-rel.

133. Amitiez, amours et amourettes, par M. Le Pays. *Paris*, *Ch. de Sercy*, 1664, in-12, demi-rel.

134. Les Bigarrures et Touches du seigneur des Accords. *Paris, Ch. de Sercy*, 1662, in-12, v. f. tr. dor.

135. Les Poésies françoises, dédiées à madame Suzanne de Pons, dame de La Gasterine, par H. Piccardt. *Paris, Jacques Legras*, 1663, in-12, maroq. rouge, fil. tr. dor.

Exemplaire de Viollet-le-Duc.

136. Le Virgile travesty, en vers burlesques, par Scarron. *Suivant la copie* (*au Quærendo*), 2 vol. pet. in-12, mar. r. tr. dor.

137. Les Dernières OEuvres de Scarron. *Suivant la copie imprimée à Paris* (*Holl. Elz.*), 1668, in-12, demi-rel.

138. Les Poésies de La Fare. Le Voyage de Chapelle. OEuvres de Bernard, etc. *Londres*, *Cazin*, 1777, 10 vol. in-18, maroq. rouge, tr. dor.

139. OEuvres de La Fontaine. *Paris*, *Nepveu*, 1820, 18 tomes en 16 vol. in-18, demi-rel.

140. Fables choisies, mises en vers par de La Fontaine. *Londres* (*Cazin*), 1780, 2 vol. in-18, maroquin rouge, tr. dor.

141. Fables de La Fontaine, avec notes. *Paris, Lefèvre*, 1845, in-12, demi-rel.

142. Fables causides de La Fontaine en bers gascouns. *A Bayoune*, 1776, in-8, front. v. ant. fil. tr. dor.

143. OEuvres choisies de M. de La Fontaine. *Londres*, 1782, in-12, v.

144. Contes et nouvelles en vers, par J. de La Fontaine (avec les figures des fermiers généraux), 1777, 2 vol. in-8, demi-rel. mar. citr.

145. Contes et nouvelles en vers, par de La Fontaine. *Londres*, (*Cazin*) 1778, 4 vol. in-18, v. fil. tr. dor. *Figures*.

146. Contes et nouvelles en vers par J. de La Fontaine. *Londres* (*Cazin*), 1790, 2 vol. in-18, rel. *Figures.*

147. La Pucelle d'Orléans, poëme en 21 chants par Voltaire. *Londres* (*Cazin*), 1780; 2 vol. in-18, v. m. fil. tr. dor. *Figures.*

148. Choix de poésies de M. G*** (Gresset). *Imprimées cette année*, in-12, mar. r. fil. tr. dor. (*Anc. rel.*)

149. Les Sens, poëme en six chants, par de Rozoi. *Londres*, 1767, in-8, demi-rel. fig. d'Eisen.

150. Poésies de Dorat. *Genève* (*Cazin*), 1777, 4 vol. in-18, maroq. rouge, fil. tr. dor.

151. Recueil de contes et de poëmes. *Paris, Delalain*, 1776, in-8, br. fig. et fleurons d'Eisen.

152. Fables de Boisard. 1777, 2 t. en 1 vol. in-8, rel. *Figures de Monnet.*

153. OEuvres de Vergier. *Londres* (*Cazin*), 1780, 3 vol. in-18, maroq. rouge, fil. tr. dor.

154. Les OEuvres diverses de Grécourt. *Londres*, 1780, 4 vol. in-18, maroquin rouge, fil. tr. dor.

155. OEuvres de Bernis, de Gresset, de Piron, de J.-B. Rousseau. *Londres* (*Cazin*), 1780, 8 vol. in-18, maroquin rouge, tr. dor.

156. Romances, par Berquin. *Paris, de l'imprimerie de Monsieur*, 1788, in-18, demi-rel. mar. citr. *Figures.*

157. Romances, par Berquin. *Paris, Imprimerie de Monsieur*, 1788, in-12, mar. v. fil. tr. dor. *Figures.*

158. OEuvres de Gilbert, avec une notice par Amar. *Paris, Jules Didot*, 1824, 2 vol. in-18, v. r.

159. OEuvres de Delille. *Paris*, *F. Didot*, 1840, gr. in-8, demi-rel. v. f.

160. Fables inédites par Ginguené. *Paris, Michaud*, 1814, in-12, v. f.

161. Poésies sacrées et œuvres diverses de madame Desroches. *Paris*, 1820, in-12, mar. v. fil. tr. dor. *Aux armes de la duchesse de Berry.*

162. Napoléon en Egypte, Waterloo et le Fils de l'homme, par Barthélemy et Méry. *Paris, s. d.*, gr. in-8, demi-rel.

163. La Corbeille de fruits, par Ch. Malo. *Paris, Janet, s. d.*, in-18, mar. r. fil. tr. dor. *Fig. en couleurs.*

164. Almanach des dames. *Paris*, 1815-1820, 9 vol. in-18, mar. r. tr. dor.

165. Etrennes de Polymnie. Recueil de chansons, vaudevilles, romances, etc. *Paris*, 1786, in-12, mar. v. fil. tr. dor.

166. Les Chansons de Béranger. *Paris*, 1829, 5 tomes en 4 vol. in-12, demi-rel. mar. r. figures, plus un volume pour la musique.

167. Chansons et poésies diverses, par Désaugiers. *Paris*, 1834, 4 vol. in-18, demi-rel. v. fig.

168. Chants et chansons populaires de la France. *Paris, Delloye, s. d.*, 3 vol. gr. in-8, mar. tr. dor. *Figures sur acier.*

169. Les Noëls bourguignons de Bernard de La Monnoye. *Paris, Lavigne*, 1842, in-8, mar. r. fil. tr. dor.

170. Las Obros de Pierre Goudelin. *A Toulouse*, 1678, pet. in-8, demi-rel. mar. r.

171. Las Obros de Pierre Goudelin. *A Toulouse*, 1694, in-12, v. br.

172. Le Passe-temps d'Olympe Benazet. *Toulouse*, 1835, in-8, demi-rel.

Poésies patoises.

173. Las Papillotos de Jasmin coiffur. *Agen*, 1835, in-8, demi-rel. mar. r.

174. La Divine Comédie de Dante, trad. par Artaud de Montor. *Paris*, *Didot*, 1849, in-12, demi-rel.

175. Roland furieux, poëme de l'Arioste, traduit par de Tressan. *Paris, Dauthereau*, 1828, 8 tomes en 4 vol. in-18, demi-rel. n. rogn.

176. La Hierusalem délivrée du Tasse (trad. par Sablon). *Paris*, *Denys Thierry*, *s. d.*, in-18, chagr. r. fil. tr. dor. *Figures.*

177. Le Paradis perdu de Milton, trad. de l'anglois. *Genève* (*Cazin*), 1777, 3 vol. in-18 maroq. rouge, tr. dor.

178. Les Saisons, poëme. *Paris, de l'imprimerie de Monsieur,* 1782, in-12, mar. v. fil. tr. dor.

179. Les Saisons, poëme, trad. de l'anglois, de Thompson. *Paris,* 1779, in-8, v. fil. tr. dor. *Figures d'Eisen.*

180. Tragédies d'Euripide, trad. du grec par Artaud. *Paris, Charpentier,* 1842, 2 vol. in-12, br.

181. Plauti Comœdiæ. *Amst.*, *Janson*, 1630, in-16, bas.

182. OEuvres de J. Racine. *Paris,* 1825, in-18, v. v. fil. tr. dor.

183. Le Théâtre de Pradon. *Paris, Mabre-Cramoisy*, 1632, in-12, mar. tr. dor.

184. Les OEuvres de Ducis. *Paris,* 1830, 5 vol. in-18, bas.

185. Pièces diverses de M.-J. Chénier. *Paris, Didot, an VI*, 4 part. en 1 vol. in-12, mar. r.

186. Les OEuvres de Casimir Delavigne. *Paris, Ladvocat*, 1827, 8 vol. gr. in-18, demi-rel. mar. bl.

187. Les Amours pastorales de Daphnis et Chloé (trad. par Amyot). 1745, pet. in-8, v. f. *Figures.*

188. Les Affections de divers amans, trad. en fr., 1743, in-12, v. — Les Amours de Léandre et Héro, trad. de Musée, 1784. — Les Amours

d'Ismène et d'Isménias. *La Haye*, 1743, 3 vol. in-12, rel. et br.

189. La Satyre de Pétrone, trad. en françois. *Cologne*, 1694, 2 vol. pet. in-8, mar. v.

190. Œuvres de Rabelais. *Paris, Louis Janet*, 1823, 3 vol. in-8, demi-rel. v.

191. Les Vieux Conteurs français, publiés par P. L. Jacob. *Paris*, 1841, gr. in-8, demi-rel.

192. Livre d'Amour, ou folastrerie du vieux temps. *Paris, Louis Janet, s. d.*, in-12, fig., cart. — Livre mignard, ou la Fleur des fabliaux. *Paris, L. Janet, s. d.*, in-12, fig. cart.

193. Histoire de Valentin et Orson; — de Huon de Bordeaux; — des Quatre fils Aymon. — *Troyes, Garnier, s. d.*, 3 part. in-4.

194. Les Cent Nouvelles nouvelles. *La Haye, Gosse*, 1733, 2 vol. in-12, v. f.

195. Contes et nouvelles de Marguerite de Valois, reine de Navarre. *Londres*, 1787, 8 vol. in-8, v. f. *Figures.*

196. Les Nouvelles Récréations et joyeux devis de feu Bonaventure des Périers. *Lyon, Benoist Rigaud*, 1571, in-16, v.

197. Les Facétieux Devis des cent et six Nouvelles nouvelles, par le seigneur de La Motte Roulland, Lyonnois. *A Lyon, par Benoist Rigaud*, 1574, in-16, rel.

198. Les Femmes illustres, ou les Harangues héroïques de M. de Scudéry (seconde partie). *Paris*, 1665, in-12, mar. r. tr. dor.

199. Les Femmes illustres, ou les Harangues héroïques de M. de Scudéry. *Lyon, François Comba*, 1661, in-12, mar. fil. tr. dor.

200. Les Aventures de Télémaque, fils d'Ulysse, par de Fénelon. *Paris, Didot*, 1796, 4 vol. in-18,

papier vélin, figures avant la lettre, maroquin rouge, tranche dorée. (*Simier.*)

201. Les Aventures de Télémaque, par Fénelon. *Paris, Didot*, 1814, 2 vol. in-8, demi-rel. n. rogn.

202. Histoire de Gil Blas de Santillane, par Le Sage. *Paris, Bertin*, 1798, 6 tomes en 3 vol. in-12, papier vélin, mar. rouge, fil. tr. dor. (*Doll.*) (*Figures avant la lettre.*)

203. Histoire de Manon Lescaut, par l'abbé Prévost. *Paris, Didot*, 1781, 2 vol. in-18, mar. r. dent. fil. tr. dor.

204. Romans français : le Diable boiteux, le Bachelier de Salamanque, Manon Lescaut, etc. *Paris, Dauthereau*, 1827, 24 tomes en 21 vol. in-18, demi-rel.

205. OEuvres choisies de Mme de Grafigny. *Londres* (*Cazin*), 1783, 2 vol. in-18. mar. v. fil. tr. dor.

206. Le Décaméron français, par M. d'Ussieux. *Paris*, 1783, 5 vol. gr. in-8, bas. figures.

207. Le Prince Gérard, par le comte de Tressan. *Paris, Didot*, 1780. — Histoire d'Aloïse de Livarot. *Didot*, 1780, 2 vol. in-18, mar. vert, fil. tr. dor.

208. Les Contemporaines, par Rétif de la Bretonne. *Leipsick*, 1781, t. I, II, IV à XXIV, XXVII et XXVIII; 25 tom. en 14 vol. in-12, rel. *Figures.*

209. Le Paysan perverti, par Rétif de la Bretonne. *La Haye*, 1776, 4 vol. in-12, bas. *Figures.*

210. La Paysanne pervertie, par Rétif de la Bretonne. *La Haye*, 1784, 4 vol. in-12, demi-rel mar. r. *Figures.*

211. Les Françaises, par Rétif de la Bretonne. *Neufchâtel*, 1786, 4 vol. in-12, demi-rel. v. f. *Figures.*

212. Émile, par J.-J. Rousseau. *Londres* (*Cazin*), 1780. 4 vol. — La Nouvelle Héloïse. *Londres* (*Cazin*),

1781, 7 vol. Ensemble, 11 vol. in-18, mar. v. tr. dor.

213. Paul et Virginie, par Bernardin de St-Pierre. *Paris, Déterville*, 1816, in-12, fig. avant la lettre, mar. r. fil. tr. dor. (*Vogel.*)

214. Romans modernes, par G. Sand et autres. *Paris, Lévy*, 1850-70, 40 vol. in-12, br.

215. Contes et Nouvelles de Boccace. *Cologne*, 1732, 2 vol. pet. in-8, demi-rel. *Fig. de Romeyn de Hooge.*

216. Contes de J. Boccace. *Londres*, 1779, 10 vol. in-18, rel. *Figures.*

217. Les OEuvres de Gessner. (*Cazin*) *s. d.*, 3 vol. in-18, mar. rouge, tr. dor. *Figures de Marillier.*

218. La Vie et les Aventures de Robinson Crusoé. *Londres* (*Cazin*), 1784, 4 vol. in-18, mar. r. fil. tr. dor.

219. L'Ingénieux Chevalier Don Quixotte de la Manche. *Paris, Desoer*, 1821, 4 vol. in-18, demi-rel. mar. r.

220. Les Mille et une Nuits, contes arabes, trad. par Galland. *Paris*, 1832, 8 vol. in-18, demi-rel.

221. L'Éloge de la Folie, trad. du latin, d'Érasme, par Gueudeville. 1753, in-12, demi-rel.

221 *bis*. Eloge de l'enfer. *La Haye*, 1759, 2 vol. in-12, demi-rel.

222. Traité politique, composé par Will. Allen et trad. en françois, où il est prouvé que tuer un tyran n'est pas un meurtre. *Lugd.*, 1658, in-16, demi-rel.

Réimpression. Exemplaire sur papier de Hollande.

223. L'Art de plumer la poule sans la faire crier. *Cologne*, 1810, in-12, v. br.

224. Recueil général des Caquets de l'accouchée. *Imprimé au temps de ne se plus fascher*. 1623, pet. in-8, mar. r. (*Reliure refaite.*)

Volume rare. Exemplaire grand de marges.

225. Projet d'une loi portant défense d'apprendre à lire aux femmes, par Sylvain Maréchal. *Lille*, 1841, gr. in-8, br.

226. De l'Abus des nudités de gorge, attribué à Boileau. *Paris*, *Delahays*, 1858, pet. in-8, br. *pap. de Holl.*

227. Histoire de Camouflet. *Equivopolis*, 1751. — L'Art de ***. *Westphalie*, 1751. — Les Filles femmes et les Femmes filles, 1751. — Le Roman cabalistique, 1750. 4 part. en 1 vol. in-12, mar. r.

228. J. Meursii Elegantiæ latini sermonis. *Birmingh.*, 1770, 2 vol. in-18, mar. r. fil. tr. dor.

229. Erasmi Colloquia. *Amst.*, *Elz.*, 1668, pet. in-12, mar. r. tr. dor.

230. Les Colloques d'Érasme, trad. par Gueudeville. *Leyde*, 1720, 6 tomes en 3 vol. in-12, v. br.

231. Les Entretiens d'Ariste et d'Eugène, par le P. Bouhours. *Amst.*, *Mortier*, 1708, in-16, d.-rel.

232. Cymbalum mundi, ou Dialogues satyriques, par Bonaventure des Périers, publ. par Prosper Marchand. *Amst.*, 1753, in-12, v. br.

233. Réflexions sur les grands hommes qui sont morts en plaisantant. *Amst.*, 1732, in-12, v. br.

234. Emblèmes d'Alciat, en françoys. *Paris, Hierosme de Marnef*, 1574, in-16, vél. *Figures.*

235. Devises héroïques et emblèmes de Claude Paradin. *Paris, J. Millot, s. d.*, pet. in-8, vélin, figures. (*Raccom.*)

236. Devises héroïques et emblèmes, par Claude Paradin, revues et augmentées de moictié par messire François d'Amboise. *Paris*, *Rolet Boutonné*, 1621, pet. in-8, mar. r. tr. dor.

237. Emblèmes ou devises chrétiennes. *Lyon*, 1717, in-12, mar. r. tr. dor. *Figures.*

238. Dictionnaire des proverbes, par Quitard. *Paris*, 1842, in-8, br.

239. Encyclopediana. Recueil d'anecdotes. *Paris*, *Paulin*, 1843, gr. in-8, demi-rel., v. f.

240. Les Épistres familières de M. T. Cicéron, trad. par Est. Dolet. *Lyon, Loys Cloquemin et Estienne Michel*, 1573, in-16, vélin.

241. Plinii Epistolæ. *Amst.*, *Elzevir.*, 1659, in-12, relié.

242. Les Épistres de Sénèque, trad. par Fr. de Malherbe. *Paris*, 1645, in-12, v. f.

243. Les Lettres d'Estienne Pasquier. *Arras*, 1598, pet. in-12, vélin.

244. Lettres choisies du Sr de Balzac. *Leiden, chez les Elzeviers*, 1652, in-12, vélin.

245. Lettres de lord Chesterfield, trad. par Am. Renée. *Paris*, 1842, 2 vol. in-12, br.

245 *bis*. Plutarque. Les Vies des hommes illustres et les OEuvres morales. *Paris*, 1693-1609, 3 vol. pet. in-8, bas.

246. OEuvres d'Anacréon, d'Ovide; Fables de la Fontaine; Joseph, par Bitaubé. *Genève*, *Cazin*, 1777, 8 vol. in-18, mar. r. tr. dor.

247. De la Bibliothèque latine-française de Panckoucke : Virgile, Horace, Salluste, César, Justin, Juvénal, etc. 23 vol. in-8, cartonnés.

248. OEuvres de l'abbé de Saint-Réal. *Amst.*, 1740, 5 vol. in-12, v. f.

249. OEuvres de Montesquieu. *Paris*, *H. Féret*, 1827, 8 vol. in-8, demi-rel. mar. viol.

250. OEuvres complètes de Voltaire. *Paris, Furne*, 1835, 13 vol. gr. in-8, demi-rel. mar.

251. OEuvres complètes de J.-J. Rousseau, avec des notes par Auguis. *Paris*, *Dalibon*, 1825,

27 vol. in-8, pap. vél. demi-rel. mar. *Figures sur chine.*

252. OEuvres complètes de Bernardin de Saint-Pierre, mises en ordre par Aimé-Martin. *Paris, Lequien*, 1830, 12 vol. in-8, br.

253. OEuvres complètes de Paul-Louis Courier. *Paris, Firmin Didot*, 1837, gr. in-8, demi-rel.

254. De la Bibliothèque elzévirienne : Ronsard, — Anciennes Poésies françaises, — Variétés historiques et littéraires, etc. *Paris, Jannet*, 1858-68, 34 vol. in-18, cart.

255. COLLECTION CAZIN. 85 vol. in-18, v.

Romans de Voltaire, 3 vol. — Liaisons dangereuses, 4 vol. — Poésies satiriques, 2 vol. — Vie de Faublas, 7 vol. — Moyen de parvenir, 3 vol., etc.

HISTOIRE.

256. Voyage pittoresque autour du monde, publié sous la direction de Dumont d'Urville. *Paris*, 1834, 2 vol. gr. in-8, demi-rel. mar. figures.

257. Voyage pittoresque dans les deux Amériques, par Alcide d'Orbigny. *Paris*, 1836, gr. in-8, demi-rel. mar. *Figures.*

258. Les Six Voyages de Tavernier en Perse et aux Indes. *Rouen*, 1724, 6 vol. in-12, v. br.

259. Relation d'un voyage de Bruxelles à Coblentz (1791), par Louis XVIII. *Paris*, *Delongchamps*, 1823, in-16, mar. v. tr. dor.

260. De l'Univers pittoresque. 66 vol. in-8, br. fig.

261. Brieve Chronologie, ou Sommaire des temps, par Gaillard. *Paris, Jean Houzé*, 1585, in-16, demi-rel.

262. Les Chroniques de Jean Carion, trad. en françois par Jean Leblond. *Paris, par Jean Cavelier*, 1556, in-16, bas.

263. Choix des historiens grecs, publ. par Buchon. *Paris*, 1842, gr. in-8, demi-rel.

264. Histoire des neuf livres d'Hérodote, trad. en françois par Pierre Saliat. *Paris, Claude Micart*, 1580, in-16, bas.

265. Histoire de la guerre du Péloponnèse, par Thucydide, trad. par Firmin Didot. *Paris*, 1833, 4 vol. in-8, br.

266. Histoires diverses d'Élien, trad. du grec (par Dacier). *Paris*, 1772, in-8, rel.

267. L'Histoire de Herodian, tournée de grec en françoys par Jean Collin. *Lyon, Jean de Tournes*, 1546, in-16, v. br.

268. Les Cinq Livres de l'histoire d'Égésippe, contenant la ruine de Hierusalem, mis en françoys par Millet de Sainct-Amour. *Paris, Guill. Cavellat*, 1556, in-4, v. br.

269. OEuvres complètes de Flavius Josèphe, avec une notice par Buchon. *Paris*, 1840, gr. in-8, demi-rel. mar.

270. Voyage du jeune Anacharsis en Grèce, par Barthélemy. *Paris*, 1821, 7 vol. in-8, demi-rel. v. j.

271. Histoire romaine de Tite-Live, traduction nouvelle par Dureau de Lamalle. *Paris*, 1810, 15 vol. in-8, demi-rel. bas.

272. Appian Alexandrin, historien grec. Des Guerres civiles des Romains. *Lion, Jean de Tournes*, 1557, in-16, mar. tr. dor.

273. J. Cæsaris quæ extant. *Lugd. Bat., ex officina Elzeviriana*, 1635, in-12, v. br.

274. Les Commentaires de César, de la trad. de

Perrot d'Ablancourt. *Paris, Louis Billaine*, 1665, in-12, demi-rel. mar. r.

275. Historiæ Augustæ Scriptores. *Venetiis, Aldus*, 1516, pet. in-8, vélin.

276. Suetonius. De Vita Cæsarum libri. *Argentinæ*, 1520, in-4, mar. r. tr. dor. texte encadré.

277. Suetonius. *Amst., Elzevir.*, 1650, pet. in-12, mar. r. fil. tr. dor.

278. L'Histoire des empereurs romains, trad. de Suétone par Du Teil. *Paris, Est. Loyson*, 1670, in-12, demi-rel. v.

279. Suétone. Les Écrivains de l'histoire Auguste, publ. par Nisard. *Paris*, 1845, gr. in-8, demi-rel.

280. Taciti Opera quæ extant, Justus Lipsius recensuit. *Antuerpiæ*, 1627, in-fol. bas. r. *Chiffre de Gaston d'Orléans.*

281. Q. Curtius. Historiarum libri. *Lugd. Bat., Elz.*, 1653, in-12, demi-rel.

282. Justini Historiæ, c. not. Vossii. *Amst., ex off. Elzeviriana*, 1664, in-12, mar. r.

283. M. Velleius Paterculus, c. n. Vossii. *Lugd. Batav., Elzevir.*, 1639, in-12, v. br.

284. Florus. *Lugd. Batav., Elzevir.*, 1638, in-12, v. br.

285. Histoire ancienne, par Rollin. *Paris, Estienne*, 1769, 13 tomes en 14 vol. in-12, v. f. fil.

286. Histoire romaine, par Rollin. *Paris*, 1738, 16 vol. in-12, v. br.

287. Histoire du Bas-Empire, par Lebeau. *Maestricht*, 1780, 26 vol. in-12, rel.

288. Histoire de la décadence et de la chute de l'empire romain, par Gibbon, publ. par Buchon. *Paris*, 1841, 2 vol. gr. in-8, demi-rel.

289. Introduction à l'histoire des principaux États

de l'Europe, trad. de Puffendorf par Cl. Rouxel. *Utrecht*, 1685, in-12, vélin.

290. Histoire des croisades, par Michaud. *Paris*, 1825, 6 vol. in-8, v. ant.

291. Nouvel Abrégé chronologique de l'histoire de France, par le président Hénault. *Paris*, 1775-1788, 5 vol. pet. in-8, portr. mar. r. fil. tr. dor.

292. Abrégé chronologique de l'histoire de France, par Mézeray. *Amsterdam*, 1722, 8 vol. in-12, demi-rel. mar. n. rogn. *Portraits*.

293. Les Rois de France, par Messire Ch. de Flavigny. *Pour Jacques Chouet*, 1593, pet. in-8, mar. r. (*Capé*.)

294. Inventaire général de l'histoire de France, par J. de Serres. *Paris*, 1596, in-12, vélin.

295. Le Thrésor des histoires de France, par Gilles Corrozet. *Paris*, 1644, pet. in-8, mar. r. tr. dor.

296. Histoire de France, par Théodose Burette. *Paris*, 1842, 2 vol. gr. in-8, demi-rel. fig.

297. Choix de chroniques et mémoires sur l'histoire de France. *Paris*, *Buchon*, 1841, gr. in-8, br.

298. Essais historiques sur les mœurs des Français, par de Savigny. *Paris*, *Clouzier*, 1785, 3 vol. in-4, demi-rel. *Figures*.

299. Récits des temps mérovingiens, par Augustin Thierry. *Paris*, *Just. Tessier*, 1840, 2 vol. in-8, demi-rel. mar.

300. L'Histoire et Cronique du très-chrestien roy saint Louis IX du nom, escritte par feu messire Jan, sire de Joinville, maintenant mise en lumière par Ant. Pierre de Rieus. *A Poictiers*, *Enguilbert de Marnef*, 1561, pet. in-8, v. br.

301. Mémoires de la reyne Marguerite. *Paris*, *Jean Ribou*, 1676, in-12, bas.

302. Cronique et histoire composée par Philippe

de Commines. *Paris, Jehan Ruelle*, 1551, in-16, demi-rel. (*Piqué.*)

303. Les Mémoires de messire Philippe de Commines. *A Leyde, chez les Elseviers*, 1648, in-12, v. f.

304. Histoire de Louis XI, auctrement dicte la chronique scandaleuse, escrite par un greffier de l'hôtel de ville de Paris. *Imprimé sur le vrai original*, 1620, pet. in-8, mar. v.

305. Commentaires de messire Blaise de Montluc. *Paris, Gosselin*, 1607, 2 tom. en 1 vol. pet. in-8, vélin.

306. Lettres du Roy contenans défenses à toutes personnes de ne porter harquebuzes, pistoles ne pistolets n'autres bastons à feu. *Paris, Jean Dallier*, 1564, pet. in-8, v. f.

307. Recueil de diverses pièces servant à l'histoire de Henri III. *Cologne, Pierre Du Marteau*, 1663, in-12, vélin.

308. Advertissement et premières escriptures du procès pour MM. les députez aux prétendus estats de Blois contre Henri de Valois. *Se vendent chez Denis Binet*, 1589. — Copie des mémoires secrets envoyez de Blois. 1589. — Copie de la réponce. *Chez Jacques Grégoire*, 1589, 3 part. en 1 vol. pet. in-8, mar. r.

309. Journal de Henri III et de Henri IV, par Pierre de l'Estoile. *La Haye, Pierre Gosse*, 1744, 9 vol. in-12, v. f.

310. Histoire du Roy Henry le Grand, par Hardouin de Péréfixe. *Amsterdam, Elzévier*, 1664, in-12, mar. citr. fil. tr. dor.

311. La Navarre en deuil, par le sieur de L'Ostal. *Orthez*, 1610, in-8, v. ant.

312. Discours merveilleux de la vie, actions et déportemens de la Reyne Catherine de Médicis.

Suivant la copie imprimée à La Haye, 1663, pet. in-12, v. br.

313. Mémoires du duc de Rohan. (*A la Sphère*), 1646, in-12, v. ant.

314. Mémoires de M. de Montrésor. *Leyde*, *Sambix*, 1667, 2 vol. in-18, demi-rel.

315. Mémoires du maréchal de Bassompierre. *Amst.*, 2 vol. in-18, demi-rel. v. f.

316. Histoire du ministère du cardinal de Richelieu. *Paris*, 1650, 2 vol. in-18, demi-rel.

317. Histoire du ministère du cardinal Jules Mazarin. *Amsterdam*, 1671, 2 vol. in-12, vélin.

318. Mémoires de M. de la Rochefoucauld. *Cologne*, *à la Sphère*, 1663, in-12, vélin.

319. Histoire amoureuse des Gaules, par Bussy-Rabutin. *Paris*, *Bossange*, 1823, 4 vol. in-18, d.-rel. bas.

320. Considérations sur l'histoire françoise et l'universelle de ce temps dont les merveilles sont succinctement récitées, par Loys Le Roy. *Paris*, *de l'imprimerie de Fréd. Morel*, 1670, 2 part. en 1 vol. pet. in-8, v. ant.

321. La Chronique scandaleuse, ou mémoires pour servir à l'histoire des mœurs de la génération présente. *Paris*, 1783, in-8, rel.

322. Annuaire du républicain, par Millin. *Paris*, *an II*, in-12, cartonné.

323. Histoire de la Révolution française, par Mignet. *Paris*, *Didot*, 1833, 2 vol. in-8, mar. r.

324. Le Vieux Cordelier, par Camille Desmoulins. — Causes secrètes de la journée du 9 thermidor, par Vilate. — Précis des événements de la soirée du 9 thermidor, par Méda. *Paris*, 1825, in-8, demi-rel.

325. Histoire patriotique des arbres de la Liberté,

par Grégoire. *Paris*, 1833, in-12, mar. rouge, fil. tr. dor.

326. Histoire de Napoléon et de la Grande Armée, par de Ségur. *Paris*, *Houdaille*, 1834, 2 vol. in-8, demi-rel. Fig.

327. Histoire de l'empereur Napoléon, par Laurent de l'Ardèche, illustrée par Horace Vernet. *Paris*, *Dubochet*, 1843, gr. in-8, cart. fig. tr. dor.

328. Histoire des deux Restaurations, par Ach. de Vaulabelle. *Paris*, *Perrotin*, 1855, 8 vol. in-8, br.

329. Histoire de la Révolution de 1848, par Garnier-Pagès. *Paris*, *Pagnerre*, 1866, 8 vol. in-8, br.

330. Les Annales d'Aquitaine. *Poictiers*, 1644. — Les Mémoires de France et de Gaule aquitanique, du sieur Jean de La Haye. *Poictiers*, 1643, 2 part. en 1 vol. in-fol. rel.

331. Traité en forme d'abrégé de l'histoire d'Aquitaine, Guyenne et Gascogne, par Pierre Louvet. *Bourdeaux*, *de Lacourt*, 1659, in-4, bas.

332. Histoire de Foix, Béarn, Navarre, par Pierre Olhagaray. *Paris*, 1609, in-4, v. f. (*Rare*.)

333. Histoire de Béarn, par Pierre de Marca. *Paris*, *Jean Camusat*, 1640, in-fol. v. br.

334. Histoire des troubles du Béarn, par le P. Mirasson. *Paris*, 1768, pet. in-8, bas.

335. Histoire des troubles survenus en Béarn au XVIe siècle, par l'abbé Poeydavant. *Pau*, 1819, 3 vol. in-8, demi-rel. v. f.

336. Los Fors et Costumas de Bearn. *A Pau*, *per Joan Desbaratz*, *imprimeur deu Rey*, 1682, in-4, v. br.

337. Chronique bourdeloise. *Bourdeaux*, 1672. — Priviléges des bourgeois de Bourdeaux, 1667. — 2 part. en 1 vol. in-4, v. br.

338. Histoire de la ville de Bordeaux, par dom Devienne. *Bordeaux*, 1771, in-4, demi-rel.

339. Histoires des rois et ducs de Bretagne, par de Roujoux. *Paris*, *Ladvocat*, 1828, 2 vol. in-8, demi-rel. v.

340. France militaire, par A. Hugo. *Paris*, 1833, 5 vol. gr. in-8, demi-rel. *Figures.*

341. Histoire maritime de la France, par Léon Guérin. *Paris*, 1846, 3 vol. gr. in-8, br. Figures sur acier.

342. Œuvres de Robertson, publ. par Buchon. *Paris*, 1840, 2 vol. in-8, demi-rel.

343. Histoire d'Angleterre, trad. en franç. *Londres*, 1783, 6 vol. in-4, v. m. *Nombreux portraits.*

344. Histoire d'Angleterre représentée par figures. *Paris, David*, 1784, 2 vol. in-4, demi-rel. *Figures.*

345. Histoire d'Angleterre, par Olivier Goldsmith. *Paris*, *Houdaille*, 1840, 4 vol. in-8, demi-rel. Figures.

346. Histoire d'Olivier Cromwell. *Suivant la copie* (*à la Sphère*), in-8, vélin. *Figures.*

347. Histoire d'Italie, par Guicciardini, trad. par Buchon. *Paris*, 1838, gr. in-8, demi-rel.

348. Histoire du gouvernement de Venise, par Amelot de la Houssaye. *Paris*, 1677, in-12, demi-rel. v. ant.

349. Macchiavel. Histoire de Florence. — Allart. République de Florence. *Paris*, 1843. — Varillas. Les Anecdotes de Florence. *La Haye*, 1685, in-12, demi-rel. mar.

350. L'Anti-Papesse, ou Erreur populaire de la papesse Jeanne, par Florimond de Ræmond. *Arras*, *Bauduin*, 1613, in-12, demi-rel.

351. Histoire de la papesse Jeanne, tirée de la dis-

sertation de Spanheim. *La Haye*, 1736, 2 vol. in-12, v. f. Fig.

352. Histoire de l'empereur Charles V, par don J. Figueroa, traduite d'espagnol en françois. *Bruxelles*, *Foppens*, 1667, in-12, vélin.

353. Les Délices de la Hollande. *Amst.*, *Wolfgang*, 1685, pet. in-12, vélin.

354. Recueil de quelques pièces curieuses sur la reine Christine. *Cologne*, *Pierre du Marteau*, 1668, pet. in-12, v. f.

355. Histoire de l'état présent de l'empire ottoman, trad. de l'anglois par M. Briot. *Amsterd.*, *Wolfgank*, 1670, in-12, vél.

356. Histoire du grand Tamerlan, par le sieur de Sainctyon. *Amsterdam*, 1678, in-12, demi-rel.

357. Lettre du Jappon envoyée au R. P. Général de la Compagnie de Jésus, par le P. Gaspar Cœlio, vice-provincial audict lieu. *Paris*, *Thomas Brumen*, 1586, pet. in-8, demi-rel. v. f.

358. Imperatorum Romanorum Numismata, a Pompeio ad Heraclium congesta, studio et cura Mediobarbi. *Mediolani*, 1683, in-fol. v. ant.

359. De la Rareté et du prix des médailles romaines, par Mionnet. *Paris*, 1827, 2 vol. in-8, v. rac. Fig.

360. L'Art héraldique, par Baron. *Paris*, *Osmont*, 1678, in-12, mar. r. fil. tr. dor. Fig.

361. La Nouvelle Méthode raisonnée du blason, par le P. Menestrier. *Lyon*, 1718, in-12, mar. v. fil. tr. dor. Fig.

362. Le Véritable Art du blason, par François Menestrier. *Lyon*, *s. d.*, in-12, mar. rouge, fil. tr. Blasons coloriés.

363. La Deffaicte du point d'honneur contre les duellistes, par le R. P. Alexis Trousset. *Paris*,

Jacques Villeri, 1628, in-8, v. (*Anc. rel. aux armes de Louis XIII. — Remboîtage.*)

364. Les Mémoires et histoire de l'origine, invention et autheurs des choses, faicte en latin par Polydore Vergile et traduicte par Fr. de Belleforest. *Paris*, *Rob. Le Mangnier*, 1582, in-8, mar. rouge, fil. tr. dor.

365. Pierron. Histoire de la littérature grecque. *Paris*, 1850, etc. 3 vol. in-12, demi-rel.

366. Cornelius Nepos. *Lutetiæ-Parisiorum*, 1745, in-12, mar. r. tr. dor.

367. OEuvres de Brantôme. *Leyde*, 1666, *La Haye*, 1743, 14 vol. in-18, demi-rel.

368. La Gallerie des femmes fortes, par le P. Le Moyne. *Paris, Jacques Legras*, 1663, in-12, mar. violet, tr. dor.

369. Petite Biographie conventionnelle. *Paris*, 1816, in-12, cartonné.

370. Biographie des dames de la cour. *Paris*, 1826, in-16, mar. v. tr. dor. — Biographie des contemporains. 1826, in-16, v. — Biographie des princes et princesses. *Paris*, 1826, in-16, mar. r.

371. Brunet. Manuel du libraire, 4 vol.—Nouvelles Recherches. 1834, 3 vol. Ensemble 7 vol. in-8, demi-rel.

372. Histoires prodigieuses extraictes de plusieurs fameux autheurs, par Boaistuau et de Belleforest. *Anvers*, 1594, pet. in-8, v.

373. Les Diverses Leçons de Pierre Messie, mises en françoys par Claude Gruget. *Paris*, *Jean Caucher*, 1556, in-16, v. br.

374. Environ 300 volumes qui seront vendus sous ce numéro.

FIN

www.ingramcontent.com/pod-product-compliance
Ingram Content Group UK Ltd.
Pitfield, Milton Keynes, MK11 3LW, UK
UKHW022140260726
13993UKWH00005B/2048

9 782329 515052